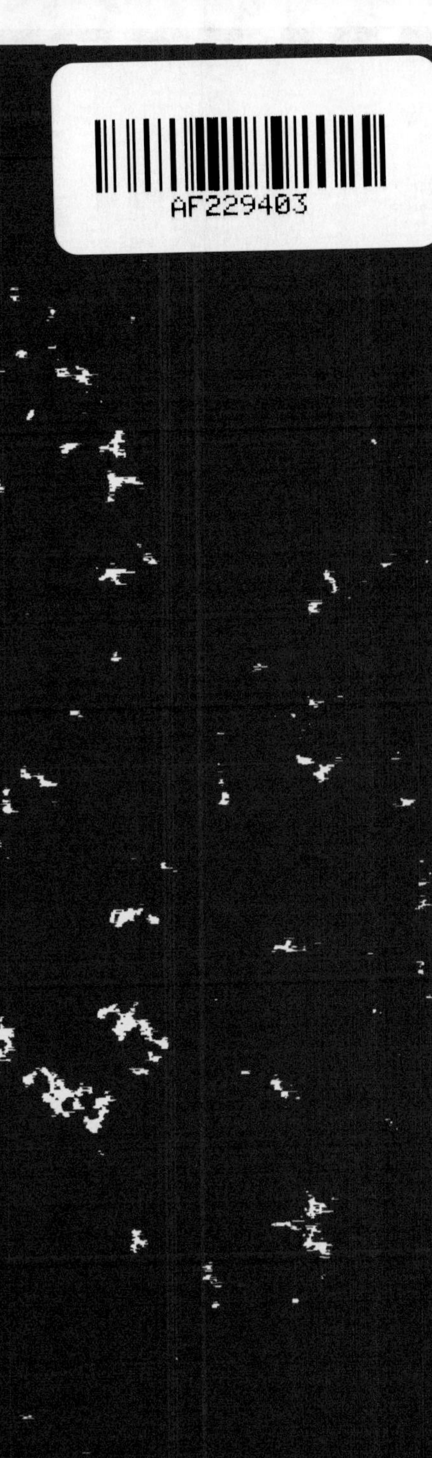

LETTRE

A

MES DESCENDANS,

PAR

UN JUGE DE PAIX

DU

DÉPARTEMENT DU JURA,

Et dédiée à tous les citoyens de la République Française.

Sanctiores sunt aures Plebis quam corda sacerdotum.
St. Hil.

A BOURG,

De l'Imprimerie de C. C. G. Philipon.

M. DCC. XCIII.

LETTRE

A.

MES DESCENDANS.

Lorsque vous ferez entré dans le monde ; ô mes neveux : lorfque l'âge vous aura affigné un rang parmi les citoyens , & que votre ame épanouie par degré aux rayons de la raifon , commencera à goûter les doux charmes de la liberté ; vous imaginerez-vous jamais que je nâquis efclave , & que , par l'effet d'une révolution inefpérée, & crue jufqu'ici impoffible, je ferai mort libre & dégagé de mes fers ? Non , fans doute. Comme le commun des hommes, juge ordinairement du paffé par le préfent, vous croirez bonnement que la conftitution, ce dépôt facré de votre bonheur, aura été l'œuvre lente & réfléchie des vertueux Gaulois , progreffivement corrigée de génération en génération.

A

Vous ne trouverez plus rien qui vous rappele les malheurs de vos pères : les antiques monumens du despotisme ne seront plus : cette terre si longtemps opprimée n'offrira déjà plus, sur sa surface, l'empreinte de nos larmes, ni les vestiges de notre servitude.

Tout sera régénéré : tout aura repris de l'énergie : les mœurs commenceront à s'épurer : la foi sera plus sincère ; le culte plus pur : le ministre des autels rendu à lui-même, à sa patrie, à son Dieu, méritera tous vos respects : une étroite fraternité aura uni, & pour ainsi dire, identifié tous les Français : l'équité aura concilié tous les intérêts : une heureuse égalité aura associé tous les citoyens dans une seule & même classe : l'artisan ne rougira plus de sa malheureuse condition : le laboureur, honoré autant que soulagé, ne craindra plus de voir dévorer, par mille déprédateurs, le précieux fruit de ses sueurs, il redoublera d'activité, pour enrichir un état qui lui sera devenu d'autant plus cher, qu'il lui étoit jadis indifférent ; l'opprobre ne sera plus le partage du pauvre : le riche ne pourra plus acheter un nom & des honneurs au poids de son or : le glaive des loix les frappera tous deux sans distinction : enfin, il ne restera plus de différence, entre vos frères & vous, que celle du mérite & de la vertu.

A la vue d'un si bel ordre & d'une harmonie si parfaite, comment pourrez-vous penser, ô mes neveux, qu'il fut un temps peu éloigné de vous, où la fociété ne préfentoit par-tout qu'un tableau & des exemples effrayans de tyrannie & d'efclavage, & qu'une longue fuite de défordres! Vous n'aurez pas vu, comme moi, le règne & le terme de tant de mifères; & fi jamais le defir de les connoître vous fait ouvrir & parcourir les Annales de la France, les anciens abus que vous y retrouverez retracés, vous paroîtront immenfes & innombrables. A peine oferez-vous les croire.

D'abord, quelle idée pourrez-vous jamais vous faire de cette inégalité civile & politique, qui, avant la révolution, diftinguoit tous les Français en trois claffes, dont la plus nombreufe, & certainement la plus néceffaire, étoit la plus méprifée (1).

Ah! je frémis & j'entre dans une fecrette horreur, toutes les fois que mon imagination active reproduit le paffé à ma mémoire.

---

(1) C'eft ainfi qu'il dut venir un temps où les yeux du peuple furent fafcinés à un tel point, que fes conducteurs n'avoient qu'à dire au plus petit des hommes : Sois grand, toi & ta race; auffi-tôt il paroiffoit grand à tout le monde, ainfi qu'à fes propres yeux, & fes defcendans s'élevoient encore à mefure qu'ils s'éloignoient de lui; plus la caufe étoit reculée & incertaine, plus l'effet augmentoit; plus on pouvoit compter de fainéans dans une famille, & plus elle devenoit illuftre.

J. J. Rouffeau.

Puis-je me rappeler, de sang-froid, cette nuée de miniſtres pervers; cette foule d'édits burſaux; cette grêle d'ordres deſpotiques; d'actes de violence, que l'ambition, l'intrigue & la flatterie déchaînées contre nous, engendroient pour fouler les peuples? Chaque luſtre, chaque année voyoit éclorre de nouveaux impôts, ou plutôt un nouveau mode de vexation; & tous les arrêts qui canoniſoient tant de forfaits, loin d'émaner du pouvoir alors ſouverain, n'étoient que les effets de l'agiotage miniſtériel. Du moins, ſi ces contributions exorbitantes euſſent été réparties également ſur les différents ordres de l'état! Mais non; on s'attachoit à ſurcharger le peuple pour épargner l'opulent privilégié; & pour ſurcroît d'infortune, de tous les tribus qu'on arrachoit à ſa miſère, il n'en tournoit qu'une foible portion à l'utilité publique. L'immenſe ſurplus étoit diverti & conſacré, ſans pitié, au luxe & à l'aggrandiſſement de certaines familles qui n'avoient pour tout mérite, que l'avantage d'approcher du monarque (2). *Pauvre peuple!*

Qui n'auroit pas été ſcandaliſé du trafic continuel que faiſoit l'égliſe de ce qu'il y avoit de plus ſacré! c'étoit par-tout un paſteur déjà riche

---

(2) Les Rois ont des hommes comme des pièces de monnoie : ils les font valoir ce qu'ils veulent, & l'on eſt forcé de les recevoir ſelon leur cours, & non ſelon leur véritable prix.   *Max. du duc de la Rochef.*

du bien des pauvres, qui exerçoit encore fur fes ouailles, un brigandage que le vulgaire avoit la foibleffe de croire légitime (3). *Pauvre peuple !*

Avoit-on à nommer à quelque évêché? un prélat Sardanapale l'achetoit du prince par le plus vil commerce.

Une cure, une place quelconque vacquoit-elle ? on la donnoit à la naiffance & à la faveur, & rarement à la vertu. *Pauvre peuple !*

Puis-je me rappeler fans indignation, ces parlemens créés pour être les médiateurs entre la nation & le roi, devenus cependant les oppreffeurs de l'un & de l'autre, fanctionnant ou rejettant, fuivant leurs intérêts communs, tout ce qui venoit du trône. *Pauvre peuple !*

Ici c'étoit un intendant, autre fouverain de province, qui, pour protéger fon defpotifme fubalterne, & pour favorifer fes déprédations particulières fur les déprédations générales, conservoit dans chaque ville, une créature à fes ordres, qui, s'illuftrant encore par d'autres vexations, s'affidoit à fon tour, des commiffaires autres vexateurs. *Pauvre peuple !*

Là, étoient des directeurs de domaines, autres

---

(3) Je préviens une fois pour toutes, que je n'ai point l'intention d'infulter à la vertu; je fais que dans le nombre des ci-devant dignitaires de outes fortes, il fe trouvoit des hommes vraiment refpectables.

vampires, qui, de la part d'une douzaine de
vice-rois célèbres dans la capitale, par leurs
feules débauches, difperfoient eux-mêmes, dans
chaque contrée, une centaine de petits tyrans
appelés contrôleurs. *Pauvre peuple !*

Ici, la gabelle ourdiffoit fes trâmes fous l'inf-
pection d'un agent toujours avide ; là, les aides,
leurs complots ; ici c'étoit des barrières oppofées
au commerce ; là, les campagnes étoient hériffées
d'alguafils, plus coquins cent fois que les frau-
deurs qu'ils étoient chargés de furveiller : les
provinces circonfcrites d'une horde de ces fainéans formoient, pour ainfi dire autant de petits
états particuliers ; enforte que le Franc-Comtois
ne pouvoit communiquer que difficilement avec
le Bourguignon, celui-ci avec le Champenois,
ainfi des autres. *Pauvre peuple !*

Ici, s'élevoit l'antre où la juftice rendoit len-
tement fes oracles en faveur du crédit & non du
bon droit. Là, étoit le repaire de ces fuppôts de
chicane, qui s'enrichiffoient à petit feu, des
dépouilles du malheureux. *Pauvre peuple !*

D'un côté, c'étoit un feigneur qui gageoit,
à grands frais, une juftice dont les organes lui
étoient vendus, pour tourmenter fes vaffaux.
De l'autre, c'étoit un chapitre qui fe rendoit
en horreur à tout un canton dont il étoit le
fléau. *Pauvre peuple !*

Ici, c'étoit la flétriffante main-morte ; là, une

dîme arbitraire ; plus loin, d'indignes corvées ;
ici, de gênantes bannalités ; là, d'odieux grabadis ; enfin de quelque côté qu'on tournât
fes pas ou fes regards, on ne voyoit que dé-
fordre, qu'oppreffeurs & opprimés : tout ce
que la fuperftition, l'ignorance, le fanatifme,
la flatterie, le menfonge, l'audace, la trahifon,
la force & l'intérêt unis avoient pu imaginer
de plus terrible & de plus. aviliffant, on le
voyoit mettre en ufage par un petit nombre de
perfécuteurs attachés à crucifier la multitude.

Pauvre peuple ! Que je t'ai plaint fincèrement :
il étoit temps que tu fecouaffe le joug, il étoit
jufte que tu reconquiffe ta liberté (4), ce tréfor
facré dont on ne pouvoit le dépouiller fans crime.

En jettant les yeux avec un peu d'attention
& de recueillement fur l'efquiffe que je viens
d'ébaucher, ô mes neveux, pourrez-vous cal-
culer nos mifères & nos calamités paffées ? je
puis vous affurer qu'elles étoient à leur comble,

----

(4) Renoncer à fa liberté, c'eft renoncer à fa qualité
d'homme, aux droits de l'humanité, même à fes devoirs.
Il n'y a nul dédommagement poffible pour quiconque renonce
à tout. Une telle rénonciation eft incompatible avec la nature
de l'homme, & c'eft ôter toute moralité à fes actions, que
d'ôter toute liberté à fa volonté. Enfin, c'eft une convention
vaine & contradictoire de ftipuler, d'une part, une autorité
abfolue, & de l'autre une obéiffance fans bornes.
Cont. Soc. L. I. Ch. 4.

quand le ciel, qui voit la servitude avec horreur, a suscité nos bras, & fait de nous autant de vengeurs de sa cause & de la cause commune. Tout-à-coup la foudre éclate; le voile se déchire; la scène change; la liberté jette un cri, & ce cri se fait entendre sur tous les rivages François, le bandeau tombe de tous les yeux, la patrie ressuscite, son sein se couvre de soldats citoyens, la Bastille s'écroule, & de sa cendre l'aréopage renaît, l'oracle parle, & bien-tôt l'homme reprend la majesté de son être & tous ses droits.

Les ordres & les distinctions s'éteignent, ou plutôt vont se confondre dans une même source; tous les François s'allient au nom de la patrie & de la liberté, & font le serment d'être unis pour les défendre ensemble.

Tout rentre dans l'ordre naturel & légitime.

La fille de l'inquisition, l'aveugle & fanatique intolérance dégradoit jusqu'au nom du chrétien, & tendoit à la dissolution du corps social; mais on la proscrit pour la gloire de Dieu & pour le repos de l'humanité.

Des asyles destructeurs, tristes monumens du fanatisme & d'une mauvaise politique, des chapitres, des monastères, des couvens fermés aux pauvres, ouverts aux grands, dévoroient de siècle en siècle, la plus saine partie des richesses & des soutiens de l'état : la loi parle, & soudain les cloîtres désertés, restituent à la focieté , les reftes de leurs larcins , pour ne lui en plus faire. (5)

Un clergé nombreux tiroit fon opulence, fon orgueil, & l'on peut dire fon ridicule, de la poffeffion injufte d'immenfes richeffes, dont il n'auroit dû fe regarder que comme l'écono-mifte & le difpenfateur en faveur des pauvres. Ces richeffes retournent à la nation, qui, par un double acte de juftice, fe charge des pauvres & des miniftres des autels.

L'égalité triomphe ; le laboureur remonte au premier rang de l'état ; le foldat avili recouvre fon énergie ; le prince & le fujet marchent de pair ; enfin, tout cède à l'honneur d'être citoyen.

Tout change de face , tout étoit fief & feigneurie , tout devient roture ; l'édifice féodal s'écroule , plus de bannalités , plus de dimes eccléfiaftiques, plus de main - morte, plus de grabadis , plus de droit de retenue, plus de re-trait cenfitif, plus de portion colonique , &c.

Une adminiftration vicieufe faifoit gémir le peuple : on l'anéantit ; plus de provinces , plus de généralités , plus de gouverneurs , plus de

---

(5) Dieu a dit à l'homme de vivre en fociété : il lui a donné une compagne pour multiplier : il n'eft jamais entré dans fa juftice de lui recommander l'égoïfme, en lui prefcrivant de s'enterrer vivant. L'expérience a enfin démontré que ces prétendus lieux de paix n'étoient que des prifons funeftes & tumultueufes.

commandans, plus d'intendans, plus de commiſſaires, plus de ſubdélégués, plus de fermiers-généraux!, plus de directeurs, plus d'agens & plus d'employés dans l'intérieur de l'état. Le ſoulagement de ce peuple exige un nouveau plan ; les départemens & les diſtricts s'elèvent & les citoyens ont l'honneur d'en nommer les membres.

Les campagnes à la fois opprimées & négligées demandoient des protecteurs, des ſurveillans particuliers ; les municipalités paroiſſent.

Des miniſtres pernicieux diſpoſoient, en maîtres, du ſouverain pouvoir & du tréſor national, on leur impoſe la loi de la reſponſabilité.

Des penſions exceſſives peſoient ſur la nation, on les reſtraint avec ſageſſe & modération.

Une juſtice onéreuſe ſe faiſoit ſentir par-tout, on la ſappe juſques dans ſon principe. Plus de parlemens, plus de ſénéchauſſées, plus de bailliages.

Un fat achetoit le droit de décider impunément de la fortune & ſouvent de l'honneur des particuliers ; un autre, le droit de les tromper ; un autre, enfin, le droit de les friponner ; mais ſubitement la vénalité d'offices reçoit le prix de ſes bienfaits. Plus de préſidens, plus de conſeillers, plus de procureurs. On voit naître de nouveaux tribunaux, la confiance & le mérite y appelent des citoyens intégres & incorruptibles, & pour comble de faveur, on place dans le sein des campagnes un siège de conciliation qui devient, comme l'écueil où les efforts de la cupidité & de la chicane viennent se briser & s'évanouir; ce juge de paix, ces assesseurs qu'on établit près du cultivateur, sont autant de mentors, de confidens, de consolateurs & de Juges qu'il se donne à lui-même.

L'application des peines prononcées par les loix criminelles, flétrissoit l'humanité; elles sont aussi-tôt refondues & reparoissent sous de plus favorables auspices.

Un dédale de coutumes barbares & contradictoires montroit de toutes parts la bigarrure & la disparité, on les abroge sans exception.

Un fatras de loix civiles en grande partie obscures & problématiques, faisoit le tourment des Juges & des cliens, la sagesse les extrait avec discernement pour en former un code neuf.

On empêchoit l'homme de génie d'enrichir sa patrie & son siècle de ses rares productions; mais bientôt on décrète la liberté de la presse. (6)

Les citoyens abusés dédaignoient l'honneur de servir, de défendre la patrie en personne,

---

(6) Quelles sortes de vexations n'a pas éprouvées le précepteur, à bien des titres, de tout le genre humain, l'apôtre de la liberté. *J. J. Rousseau.*

ils rougissent à ce moment d'avoir trop long-
temps confié ce soin à des mercenaires, souvent
étrangers. (7)

L'indigne manie des Rois de faire des con-
quêtes, nécessitoit en France l'entretien d'une
armée considérable, destinée à porter, dans
les états voisins, la flamme, le fer, & la mort ;
mais aujourd'hui le soldat détrompé & satisfait
du seul emploi de défendre sa liberté, & nos
foyers, renonce à la vaine gloire d'attaquer &

---

(7) Tout homme doit être soldat pour la défense de sa
liberté ; nul ne doit l'être pour envahir celle d'autrui ; &
mourir en servant son pays, est un emploi trop beau pour le
confier à des mercenaires.   *J. J. Rousseau.*

Si-tôt que le service public cesse d'être la principale affaire
des citoyens, & qu'ils aiment mieux servir de leur bourse
que de leur personne, l'état est déja près de sa ruine. Faut-il
aller au conseil, ils nomment des députés & restent chez
eux.... Donnez de l'argent & bientôt vous aurez des fers....
Dans un état vraiment libre, les citoyens font tout avec leurs
bras, & rien avec de l'argent : loin de payer pour s'exempter
de leurs devoirs, ils paieront pour les remplir eux-mêmes....
Mieux l'état est constitué, plus les affaires publiques l'em-
portent sur les privées dans l'esprit des citoyens.... Dans
une citée bien conduite, chacun vole aux assemblées : sous
un mauvais gouvernement, nul n'aime à faire un pas pour
s'y rendre.... Les bonnes loix en font faire de meilleures,
les mauvaises en amènent de pires. Si-tôt que quelqu'un dit
des affaires de l'état, *que m'importe* ; on doit compter que
l'état est perdu.   *Cont. Soc. L. 3. ch. 15.*

d'opprimer ſes ſemblables , dans ſes ennemis.
Le François fait ſa paix avec l'univers , avec
tous les hommes.

Cette armée aſſervie à des uſages contraires
aux loix de l'égalité , demandoit une réforme &
des réglemens nouveaux : on les décrète , &
bientôt la perſpective des honneurs ouverte à
tous les militaires, ceſſe d'être l'appanage de la
naiſſance , & les récompenſes deviennent le
prix du courage , des hauts faits , du mérite &
de l'expérience.

Une fauſſe & frêle éducation nourriſſoit en
nous , le goût des petites choſes , énervoit nos
ames , & ſembloit nous diſpoſer , dès le berceau , à porter des fers : elle eſt rejettée & rem-
placée par un cours d'éducation nationale ,
par un précis d'inſtruction mâle & vigoureuſe ,
où les droits de l'homme & les devoirs du
citoyen poſés en précepte, feront éclorre enfin
dans nos enfans le vrai patriotiſme , le germe
des vertus & ce noble enthouſiaſme pour la
liberté (8) . Enfin que d'abus & de préjugés

---

(8) Ce ſont les inſtitutions nationales qui forment le génie ,
le caractère , les goûts & les mœurs d'un peuple , qui le font
être lui & non pas un autre , qui lui inſpirent cet ardent
amour de la patrie, fondé ſur des habitudes impoſſibles à dé-
raciner, qui le font mourir d'ennui chez les autres peuples,
au ſein des délices , dont il eſt privé dans ſon pays.... C'eſt

n'a-t-on pas anéantis! Quelle somme d'avantages leur succède!

Vous voyez, ô mes neveux, qu'une si heureuse révolution a pris source dans l'excès de nos maux, & dans la sagesse de nos législateurs. Sans eux, oui, sans la Convention nationale, la France étoit perdue. Ses enfans mêmes se feroient peut-être armés, les uns contre les autres, pour déchirer son sein, & ses voisins prompts à saisir l'occasion de l'asservir, auroient fondu sur elle de toutes parts, & se feroient disputés l'honneur de lui donner des fers.

Telle étoit la malheureuse détresse de notre patrie, que nous ne pouvions la sauver sans un secours spécial du ciel; aussi qui peut disconvenir que la puissance divine n'ait beaucoup influé & n'influe encore chaque jour dans la révolution? tout le prouve évidemment: les

---

l'éducation qui doit donner aux ames la forme nationale, & diriger tellement leurs opinions & leurs goûts, qu'elles soient patriotes par inclination, par passion, par nécessité. Un enfant, en ouvrant les yeux, doit voir la patrie, & jusqu'à la mort ne doit plus voir qu'elle.

Je veux qu'en apprenant à lire, il life des choses de son pays, qu'à dix ans, il en connoisse toutes les productions; à douze toutes les provinces, tous les chemins, toutes les villes; qu'à quinze ans, il en sache toute l'histoire, à seize toutes les loix; qu'il n'y ait pas eu dans son pays une belle action, ni un homme illustre, dont il n'ait la mémoire & le cœur pleins, & dont il ne puisse rendre compte à l'instant.

J. J. Rousseau.

campagnes riantes & couvertes de richesses ;
les méchans confondus ; les accapareurs décon-
certés ; les grands humiliés ; les humbles com-
blés de biens & de gloire. Chantons avec
l'église, ou sans elle, si elle ne veut chanter
avec nous. *Fecit potentiam in brachio suo, dif-*
perfit fuperbos mente cordis fui ; depofuit potentes
de fede, & exaltavit humiles ; efurientes implevit
bonis, & divites dimifit inanes.

Quelle faveur, grand Dieu ! Ce font-là de
tes coups. Qui pourroit s'y tromper ? C'est toi,
dont la bonté infinie a pris foin de préparer
notre régénération : tu as commandé au génie
& à la vertu d'y travailler de concert, & nous
avons obéi à tes ordres facrés : en leur obéissant,
tel est ton afcendant, ils parlent en ton nom,
& bientôt le fuccès répond à la dignité de l'en-
treprife ; déjà le luxe fuit ; l'orgueil & l'ambition, ces deux monftres ennemis de la paix,
vont fe reléguer & fe confumer en efforts im-
puiffans dans les antres du nord & du levant.
L'émulation, les arts & le commerce fe ré-
veillent, l'agriculture protégée s'encourage &
fe porte au plus haut degré de perfection.
L'abondance renaît & fe reproduit fous toutes
les formes & fous tous les afpects poffibles :
tout fermente, tout circule, les denrées, les
grains, le tabac, le fel, le fer, l'amidon, &c.
Tout s'enchaîne, fe lie & fe correfpond, fans

ſe confondre, par mille & mille rapports né-
ceſſaires; en un mot, tout ſe régénère & ſe
change en bien.

Si dans ſon aurore la conſtitution offre déjà
de toutes parts l'image & la lueur du bonheur,
que n'avez-vous pas lieu d'en attendre, ô mes
neveux, lorſqu'elle aura triomphé du temps
& des préjugés, lorſqu'arrivée juſqu'à vous,
elle aura pris toute ſa force & ſa ſolidité ?
Elevés & nourris dans ſes principes, vous
n'aurez tous, vos freres & vous, qu'un ſeul
& même intérêt, celui de la reſpecter & de
la défendre, vous ſerez inſtruits des devoirs
du citoyen, vous ne craindrez plus, comme
de nos jours, un clergé dangereux, fanatique-
ment attaché à ſes anciennes erreurs.

Ah! bonté divine? Se peut-il que des hommes
reſpectables ſe préviennent mal-à-propos contre
toute raiſon, & qu'abuſant du miniſtère ſaint
dont ils ſont revêtus, ils ne rougiſſent pas de
porter dans la chaire de vérité, le fiel & le
venin des paſſions, & d'arborer, ſans reſpect,
dans le ſanctuaire d'un Dieu de paix, le flam-
beau de la diſcorde & l'étendard de la ré-
volte (9).

---

(9) O vous, miniſtres de la loi qui m'eſt annoncée dans
l'Evangile, donnez-vous moins de peine pour m'inſtruire de
tant de choſes inutiles. Laiſſez-là tous ces livres ſavans qui

O mes

O mes deſcendans ! Comment pourſuivre ? La plume m'échappe : cependant je deſire & je redoute de vous faire connoître combien eſt criminelle la réſiſtance que ces rebelles font à la loi, & combien on doit peu s'arrêter ſur leurs réclamations.

Mais, comment vous parler de ces mutins adorés, ſans les couvrir de la honte qu'ils méritent, & ſans m'attirer la haine de ceux de mes compatriotes qu'ils ont pu égarer ? Si je n'avois à encourir que leur indignation, je ne balancerois pas un moment ; mais je ſens trop qu'à la lecture de cette lettre, ces puiſſans agioteurs vont épuiſer tous les moyens de me deſſervir dans l'opinion publique, & de raſſembler ſur ma tête autant de maux qu'ils pourront m'en ſuſciter ; n'importe, j'entends par-tout, crier par eux, ſans ſujets légitimes, à l'irréligion, à l'impiété ; j'entends calomnier, par eux, la conſtitution, le plus bel ouvrage des hommes ; je vois la conjuration qu'ils ont oſé tramer contre la loi, & les obſtacles qu'ils voudroient oppoſer à ſon exécution, je ne puis me taire. Oui, duſſé-je tout perdre, juſqu'à

---

ne ſavent ni me convaincre, ni me toucher. Proſternez-vous aux pieds de ce Dieu de miſéricorde, que vous vous chargez de me faire connoître & aimer ; demandez-lui pour vous cette humilité profonde que vous devez me prêcher. N'étalez point à mes yeux cette ſcience orgueilleuse, ni ce faſte indécent qui vous déshonorent & qui me révoltent. Soyez touches vous-mêmes, ſi vous voulez que je le fois.

J. J. Rouſſeau.

B

l'eftime générale ! je veux parler ; je fuis citoyen & mon devoir l'emporte.

N'efpérez pas, ô mes neveux, trouver ici
le raifonnement fciencifique d'un théologien,
je ne le fus jamais, & ne veux jamais l'être :
j'aime trop mon prochain : j'ai fait l'expérience
qu'une partie d'entr'eux font égoïftes, & par
conféquent ennemis du lien focial. Je me bor-
nerai tout bonnement, pour combattre les refus
des eccléfiaftiques rébelles, à fuivre l'impulfion
de ma raifon ; & s'il m'échappe quelques argu-
mens qui approchent du langage théologique,
je les prie de m'en faire grace, car ce fera
fans le favoir : je compte également fur leur
charité, fi j'ai le mérite de leur déplaire, ils
en doivent les premiers, l'exemple.

Je me contenterai, ô mes neveux, de relever
les principales plaintes du clergé ; il fera facile,
fi je puis vous les expofer dans un grand jour,
de vous en faire voir l'injuftice & l'inutilité.

*La Conftitution civile du clergé porte-t-elle atteinte
à la religion de nos pères ?*

Si je ne confulte que les lumières de ma
raifon, le fens intime de ma foi & le témoignage de ma confcience, je puis affurer que
non ; elle rétablit feulement la difcipline ori-
ginaire de l'églife, elle réconcilie fes miniftres
avec l'évangile dont ils s'éloignent moralement,
& les rappele à la fimplicité apoftolique. *Di-
vifons la queftion.*

D'abord, a-t-on raison de se plaindre de voir passer les biens du clergé dans les mains de la Nation ? Je ne le pense pas, il ne faut pas être grand docteur pour faire tomber ce reproche. (10)

Ne pourroit-on pas répondre que la société, en s'emparant des biens des ecclésiastiques, a autant de soucis & d'inquiétude de leur salut, qu'ils en eurent eux-mêmes de celui de nos pères qu'ils dépouilloient au nom de Dieu & des pauvres, & qu'elle leur ôte ces biens, comme ils les leur avoient ôtés, parce qu'ils devenoient, entre leurs mains, des sujets de scandale pour elle, & pour eux des moyens d'offenser Dieu. Dès que cette société s'impose les frais du culte divin & des pauvres, qui lui disputera le droit de reprendre des posses-sions qu'elle n'avoit dispersées que pour leur entretien commun ? Où sont donc les titres du clergé, pour jouir de tant de biens ? Osera-t-il se prévaloir de la prescription ? On ne prescrit pas contre le droit, sur-tout lorsqu'il est celui de tout un peuple ; d'ailleurs, remontons à l'origine du sacerdoce, voyons si Dieu prescrivit à ses premiers prêtres le désir ou le mépris des richesses ; écoutons-le parler lui-même au grand prêtre Aaron & aux Lévites : je suis votre seul

---

(10) Les prêtres sans doute crieront beaucoup pour la conservation des hôpitaux, & ces cris ne sont qu'une raison de plus pour les détruire. *J. J. Rousseau.*

bien & votre unique héritage : n'en recherchez aucun autre dans le milieu de mon peuple (11). Ouvrons l'Evangile, parcourons ce divin livre, le feul néceffaire à un chrétien & le plus utile de tous, à quiconque même ne le feroit pas, felon Rouffeau ! Y trouvera-t-on une feule maxime qui infpire à fes apôtres la foif des biens terreftres ? Le Sauveur n'y recommande-t-il pas, d'un bout à l'autre, de n'amaffer aucun tréfor fur la terre, mais dans le ciel, en répétant fans ceffe que fon royaume n'étoit pas de ce monde [12) ?

Avant de nous prêcher le néant des richeffes & des grandeurs humaines, nos eccléfiaftiques n'auroient-ils pas dû renoncer aux grands-biens qu'ils amaffoient injuftement, & nous donner l'exemple d'une profonde humilité ? Quelle contradiction n'appercevoit-on pas dans leur doctrine & dans leur conduite ! Ils nous exhortoient fans ceffe à méprifer nos biens, & gardoient les leurs ; il en étoit de même du luxe.

---

(11) *Dixitque Dominus ad Aaron : in terra eorum nihil poffidebitis, nec habebitis partem inter eos. Ego pars & hereditas tua in medio filiorum Ifrael.* Num. 18 20.

(12) *Nolite thefaurifare vobis thefauros in terra : ubi ærugo & tinea demolitur, & ubi fores effodiunt & furantur.*

Thefaurifate vobis thefauros in cælo : ubi neque ærugo neque tinea demolitus, & ubi non effodiunt nec furantur.
S. Matth. ch. 6.

Nolite poffidere aurum, neque argentum, neque pecuniam in zonis veftris. S. Matth. ch. 10.

Videte & cavete ab omni avaritia. Luc. ch. 12.

Regnum meum non eft de hoc mundo. Jean. ch. 18.

Qu'on me dife pourquoi, avant la révolution, on aimoit autant faire un prêtre qu'un procureur? c'eſt qu'on étoit aſſuré que l'un ou l'autre enrichiroit ſa famille du patrimoine des pauvres. Quel moment plus favorable que celui-là pour adreſſer aux eccléſiaſtiques les ſentences que Jeſus adreſſoit aux prêtres Juifs : Malheur à vous, Phariſiens hypocrites, qui dépouillez la vertueuſe veuve, qui décimez juſqu'aux plantes médicinales, & qui convoitez par-tout les honneurs ; attendez-vous d'être jugés avec ſévérité au jugement de Dieu (13).

Il ne ſuffit pas d'avoir prouvé que les biens du clergé n'étoient pas dans leur place, étant dans ſes mains : il faut encore démontrer qu'en admettant ſa poſſeſſion légitime, la Loi qui les fait paſſer à la Nation, émane de la plus exaĉte juſtice.

Qu'eſt - ce que la Nation ? Ce ſont tous les citoyens colleĉtivement pris, c'eſt la volonté générale, & le pouvoir ſuprême. Qu'eſt-ce que la Loi ? C'eſt l'expreſſion, le vœu, l'ordre de cette même volonté ; enfin, c'eſt le ſouverain de tous les autorités conſtituées qui reçoivent d'elle leur puiſſance ſur le corps entier de la Nation (14). Ainſi, quand cette loi a prononcé

----

(13) Je réfute du moins les eccléſiaſtiques réfraĉtaires par de ſaintes armes.... par les leurs. Que fais-je, s'ils auront le front d'accuſer mes citations d'infidélité? Je les y invite : ils ajouteront à la bonne opinion que j'ai conçue d'eux.

(14) Il n'y aura jamais de bonne & ſolide conſtitution, que celle où la loi régnera ſur les cœurs des citoyens :

un oracle , la volonté particuliere doit céder &
obéir ; ainsi , quand elle a décrété en faveur du
peuple la retraite des biens eccléfiaftiques , le
clergé ne peut fe plaindre , fans aller lui-même
contre fa propre volonté identifiée dans la
volonté générale : car tout clergé qu'il foit , il
ne peut faire (15) dans l'état un corps divifé de
l'état ; il feroit bien fingulier qu'il puiffe fe
fouftraire au pacte focial , lorfqu'il eft contraire
à fes intérêts , ou l'invoquer à fon fecours ,
lorfqu'il lui eft favorable ; c'eft une abfurdité
que fes membres fentent mieux que moi. A quoi
fervira d'oppofer que les difpenfateurs des
biens du clergé n'avoient point l'intention de
donner à la Nation , mais à l'églife ; que s'ils
euffent prévu que celle-là en dût dépouiller un
jour celle-ci , ils fe feroient confervé leurs
préfens ? Je n'en doute pas ; mais j'ofe répondre
que les fondateurs ont fait autant de vols à la
fociéte , qu'il ont donné de biens à l'églife ,
parce qu'ils n'étoient pas les maîtres d'en
difpofer en fa faveur , fans confulter le vœu
de la Nation. En effet , n'eft-il pas vrai , ô mes
neveux , que la fociété eft plus ancienne que
l'églife , & que par conféquent les droits
de l'églife dérivent de ceux de la fociété ;

---

tant que la force législative n'ira pas jufques-là , les loix
feront toujours eludées. *J. J. Rouffeau.*

(15) Si-tôt que la puiffance légiflative parle , tout rentre
dans l'égalité ; toute autorité fe taît devant elle , fa voix eft
la voix de Dieu fur la terre. *Idem.*

càr enfin je ne crois pas que l'églife ofe s'at-
tribuer jamais , comme fon propre ouvrage ,
la protection , mais bien l'ufurpation des propriétés ; la fûreté , mais bien la fervitude des in-
dividus ? N'eft-il pas vrai que la fociété a pu &
peut encore fubfifter fans l'églife ; (je fuis bien
éloigné de le défirer,) mais que la dernière ne
peut fubfifter fans la première ? Comment ofe-
t-on donc alléguer que l'état eft dans l'églife ?

Que feroient devenues les poffeffions du
clergé , en fuppofant , par impoffible , que la
fociété eût ceffé de les défendre ? Ils auroient
été fans doute la proie du plus fort. Que feroit
devenu le clergé lui-même ? Je l'ignore. Or , fi ,
comme il eft vrai , les propriétés & les indi-
vidus font un domaine effentiel de la fociété ,
on n'en peut rien extraire fans le confentement
de la volonté générale ; car c'eft elle - même
qui permet , & qui cependant pourroit empê-
cher , fi elle le jugeoit à propos , les ventes &
contrats entre particuliers ; d'où il réfulte que
les fondateurs n'ont pu donner validement , &
que la fociété eft toujours en droit de reprendre
la chofe donnée , tant qu'elle n'a pas fanctionné
la donation.

En vain objectera - t - on que le roi avoit
folemnifé cette libéralité par l'amortiffement ;
il ne pouvoit le faire , à moins qu'il n'y fût
expreffément autorifé par le vœu de la nation ,
par la loi : parce que le roi lui - même tenoit

fa fouveraineté de cette loi , à l'ordre de laquelle il lui étoit impoffible de fe dérober , fans devenir defpote. Je dis plus ; quoiqu'on fuppo-f roit cette donation faite de l'agrément géné-ral , elle ne pourroit être irrévocable , car , « d'un moment à l'autre , dit J. J. Rouffeau , la volonté générale peut changer & révoquer ce qu'elle auroit fait précédemment (16) ».

De maniere , ajoutera-t-on , que les biens de fondation étant diftraits de l'affeftation à l'églife , les fondations ne feront plus acquittées ? Pourquoi non ? la nation paiera-t-elle un curé , des vicaires , pour faire tout le fervice divin d'une paroiffe , ou bien pour dormir (17) ?

Pourquoi , s'écrie-t-on , admettre la liberté de confcience & d'opinion religieufe ?

Cette plainte me fait pitié dans la bouche du clergé ; elle fait voir que l'églife trouvoit de la confolation à tyrannifer , par fes enfans , la moitié du genre humain , puifqu'elle regrète de voir brifer le joug de l'intolérance ; cependant le propre de l'églife devroit être de per-fuader , & non de contraindre. Quand, fous le prétexte fpécieux de pourfuivre l'erreur , elle

---

(16) En tout état de caufe un peuple eft toujours maître de changer fes loix , même les meilleures ; car , s'il lui plait de fe faire mal à lui-même , qui eft-ce qui a droit de l'en empê-cher. *Cont. Soc. l. 2. ch.* 12.

(17) *Gratis accepiftis , gratis date.* Matth. ch. 10. *Pro beneficiis medicinæ Dei munera non accipiant.* Dift. 23. ch. 3.

m'ordonne de haïr mon semblable, parce qu'il professe une autre religion que moi ; ne s'éloigne - t - elle pas du précepte que donne Jésus-Christ, d'aimer son prochain comme soi-même ? Ne semble - t - elle pas même encourager à l'homicide ?

Un juif, un protestant, pour être juif ou protestant, sont-ils moins mes freres devant la loi de Dieu ? Ah ! ma religion devroit tout au plus me prescrire de les plaindre, & de m'efforcer de les ramener dans son sein, plutôt que de les en bannir à jamais.

Si l'église s'est mal-à-propos arrogé le droit de poursuivre civilement un individu qui n'a jamais reconnu son pouvoir, pourquoi la Convention Nationale n'auroit-elle pas celui de le réhabiliter dans les honneurs civils ? Que l'église se contente d'excommunier & de damner, si elle veut, cet infortuné pour l'autre monde, mais qu'elle le laisse en repos dans celui-ci (18).

---

(18) Alors tout a changé de face ; les humbles chrétiens ont changé de langage, & bientôt on a vu ce prétendu royaume de l'autre monde, devenir sous un chef visible, le le plus violent despotisme dans celui-ci. Cependant, comme il y a toujours eu un prince & des loix civiles, il a résulté de cette double puissance, un perpétuel conflit de jurisdiction, qui a rendu toute bonne politique impossible dans les états chrétiens, & l'on a jamais pu venir à bout de savoir auquel, du maître ou du prêtre, on étoit obligé d'obéir... Par-tout où le clergé fait un corps, il est maître & législateur dans sa partie... Par-tout où l'intolérance théologique est admise, il est impossible qu'elle n'ait pas quelque effet civil ; & si-tôt qu'elle en a, le souverain n'est plus souverain, même au temporel : dès-lors les prêtres sont les vrais maîtres ; les rois ne sont que leurs officiers...., Mais quiconque ose

Examinons maintenant fi la foi eft altérée par les décrets de la Convention Nationale?

On ôte au clergé des biens dont il abufoit, & qui le déshonoroient : on le réforme felon le monde, pour le forcer de fe rétablir felon l'Evangile, felon fon auteur; & pour cela, la foi chancèle, dit-on, la foi tombe.

Interrogeons d'abord la commune opinion : interrogeons l'églife même. Qu'eft-ce que la foi? C'eft un don de Dieu, une vertu furnaturelle. Eh bien! fi elle eft un préfent furnaturel, il n'eft pas dans la puiffance de l'homme de la détruire. Le plus grand defpote, le pape lui-même, ne le pourroit; la foi habite dans le cœur, & il n'eft donné qu'à l'œil infaillible de Dieu d'y pénétrer & d'y lire (19).

Cependant, quelque conféquence qu'on puiffe tirer de ce raifonnement, je fens, j'avoue, qu'on peut affoiblir la foi, foit en lui interdifant les alimens fpirituels dont elle fe nourrit, foit en changeant le mode facré de les adminiftrer; mais

---

dire, hors de l'églife point de falut, doit être chaffé de l'état, à moins que l'état ne foit l'églife, & que le prince ne foit le pontife.   *Cont. Soc. L.* 4, *ch. 8.*

J'efpère que cette citation me vaudra l'excommunication; mais je m'en réjouis, je la defire, puifqu'elle eft, dit-on, le partage de tout bon citoyen, de tout honnête homme.

(19) O vertu, fcience fublime des ames fimples! faut-il donc tant de peines & d'appareils pour te connoître? Tes principes ne font-ils pas gravés dans tous les cœurs? Et ne fuffit-il pas, pour apprendre tes loix, de rentrer en foi-même, & d'écouter la voix de fa confcience dans le filence des paffions.

     J. J. Rouffeau.

je ne vois pas, & perfonne de raifonnable ne peut dire que la conftitution civile du clergé s'arroge un empire fpirituel fur les ames, & veuille fe mêler de diriger les confciences.

Voyez les réflexions des prêtres du diftrict d'Arbois, celles de M. l'abbé Coz & de tant d'autres. Elles décident clairement que les décrets n'attaquent point le dogme. C'eft en vain, qu'après de tels aveux, ou plutôt après l'hommage public que de refpectables eccléfiaftiques fe font fait un devoir de rendre à la vérité, que quelques-uns de leurs confrères voudront s'élever contre la loi, s'ériger en juges & prononcer en leur faveur dans leur propre caufe. En vain ces rébelles tonneront en chaire & fe répandront en injures, en fophifmes, pour égarer la crédulité d'un peuple à préfent éclairé : il ne les écoutera pas ; il fera fourd. Ce peuple fait que les mécontens font intéreffés à defirer la continuation des anciens abus ; il fufpectera & rejetera avec raifon tout ce qui fortira de leur bouche.

Il ne s'agit pas de faire du bruit & de crier, pour être cru, il faut convaincre ; il ne fuffit pas d'avancer vaguement que la foi s'éteint, que la foi fe perd, il faut prouver ; & voilà l'impoffible.

Quelque foin que prennent les réfractaires pour cacher leurs perfides intentions par des apparences de piété, elles percent, elles fe décèlent malgré eux ! A quoi leur fert de feindre ? Il vaut mieux qu'ils fe plaignent tout de fuite de ne pas trouver en nous les difpofitions faciles que leurs prédécesseurs nourrissoient dans l'ame de nos ancêtres, pour perpétuer leur excessive domination, que d'affecter sur la religion, des sentimens dont elle s'indigne elle-même. Ils se feroient du moins un nouveau nom, celui d'être sincères. Il est certain qu'au grand regret du clergé, la raison a beaucoup acquis, & le fanatisme beaucoup perdu depuis le massacre de la St. Barthélemi. Où en serions-nous, si l'ignorance & l'aveuglement du quatorzième siècle avoient survécu jusqu'à nous. On sait que les prêtres d'alors commandoient aux fidèles comme à des esclaves: on sait qu'ils poussèrent aux meurtres le François contre le François: on sait combien de victimes ils firent immoler pour la défense d'une cause aussi injuste que celle de nos jours. Il ne seroit pas à souhaiter que la foi fût aussi aveugle que dans ces temps calamiteux; la patrie seroit bientôt embrasée des feux de la guerre civile, & nos rivières, nos fleuves seroient bientôt teints & débordés du sang de ses enfans.

Certes, s'il demeuroit encore dans nos prêtres réfractaires, quelque reste de charité, quelque vestige d'humanité, la crainte de devenir les assassins d'un peuple entier, les feroit trembler, & rentrer en grace avec nous; mais que dis-je! eux de la charité, de l'humanité! ils n'en eurent jamais que les simulacres empruntés; on ne connoît guères cette espèce de gens: il n'est aucun de ces forcenés qui ne souhaiteroit de bon cœur facrifier toute la terre à fon reffentiment, plutôt que de renoncer au barbare plaifir de fe venger.

Revenons à notre thèfe. Serons-nous moins chrétiens, mes neveux, je vous le demande; ma foi, la vôtre, fera-t-elle moins vive & moins ferme, parce que le chef vifible de l'églife ceffera de groffir fon tréfor temporel de notre numéraire; parce que le clergé François fera notre penfionnaire, au lieu d'être notre riche oppreffeur; parce que l'intrigue ou la politique ne difpoferont plus de fes emplois; parce que fes biens ferviront à fauver l'état: enfin parce que fes membres, en jurant la fidélité à la loi, jureront d'être nos frères? J'examine tous les jours, fi, depuis la révolution, quelques-uns de mes compatriotes oublient ou méprifent un feul article de leur foi; mais j'ai la fatisfaction de voir que la conftitution, bien-loin de refroidir leur charité, ranime en eux le zèle & les devoirs du vrai chrétien. Témoins, cette fraternité & cette égalité qui nous rapprochent & nous uniffent par elle.

Pofons d'ailleurs en fait, que fi les décrets qui concernent le clergé innovoient la moindre chofe en matière de foi, les cinq fixièmes des eccléfiaftiques fe feroient coalifés avec les autres pour les rejeter, au lieu de les accepter, comme ils ont fait.

Croyez donc, ô mes neveux, que lorfqu'on a reproché à nos légiflateurs d'atténuer la foi dans leurs décrets, c'étoit la calomnie qui fe déchainoit contr'eux. Croyez, que pour nous

furprendre, la perfidie avoit emprunté le langage
féducteur du ciel ; heureufement qu'à travers le
voile facré dont elle couvroit fes projets criminels, nous avons fu démêler fes artifices, repouffer
fes impoftures, & l'abreuver elle - même des
poifons qu'elle avoit affaifonnés pour nous.

Croyez que nos repréfentans n'effayèrent
jamais de porter des mains facrilèges fur l'arche
fainte ; ils étoient trop bien pénétrés de cette
vérité, qu'il n'étoit pas en leur pouvoir de
l'atteindre. Comment, au furplus auroient-ils
ofé le tenter, eux qui, comme nous, ont appris
dès leur naiffance à s'humilier refpectueufement
devant lui ?

*La loi civile a-t-elle pu changer & reftreindre le
nombre des diocèfes & des paroiffes ?*

Oui, fans doute : car dans le principe, ce n'eft
pas en confidération de l'églife, mais pour l'utilité
& l'inftruction des peuples, qu'ont été démarqués
originairement les paroiffes & diocèfes.

Dans les temps reculés où notre fainte religion a commencé d'être prêchée a nos pères,
il a été peut-être néceffaire de multiplier, comme
on a fait, les diocèfes & les paroiffes, en propor-
tion des progrès que faifoit la foi, dans la crainte
que les nouveaux profélites, trop éloignés des
miniftres de l'églife, ne retombaffent dans l'ido-
latrie ; mais aujourd'hui les mêmes raifons ne
militent plus pour la confervation de tant de
fièges épifcopaux & de tant de cures ; le foula-

gement du peuple exige au contraire qu'il en foit retranché, & que l'arrondiſſement de chacun de ceux qui reſteront, foit plus régulier qu'autrefois : & ce peuple eſt bien le maître & le vrai & unique maître de le faire pour fon avantage, puiſque, par un effet de la toute-puiſſance de fa volonté générale, il peut tout changer au poſſible (20). Mais c'eſt une uſurpation fur le pouvoir ſpirituel, oppoſera-t-on ? cela n'eſt pas. Combien d'évêchés n'ont pas été érigés par nos rois, concurremment avec le pape : je doute même ſi le pape y a toujours concouru autant qu'eux : & le peuple François uni à fon chef fuprême feroit aujourd'hui inhabile à changer un ordre ancien de chofes qui ne convient plus au temps préfent ! chimère !

En quoi confiſte d'ailleurs le pouvoir ſpirituel ? à confacrer par des évêques confacrés, d'autres évêques, & tous les eccléſiaſtiques ; à approuver les curés pour les paroiſſes où ils font élus ; à accorder collectivement ou féparément le for intérieur & le for extérieur ; à donner ou dire la meſſe ; à adminiſtrer, ou donner le pouvoir d'adminiſtrer les facremens : or, la Nation ou la Loi, en diminuant le nombre des dioceſes ou des paroiſſes, anticipe-t-elle fur quelques-uns de ces privilèges excluſivement réfervés à l'égliſe ? Je ne

----

(20) Qui dit une loi dans un état libre, dit une chofe devant laquelle tout citoyen tremble, & le roi tout le premier. *J. J. Rouſſeau.*

le crois pas. Qu'importe en effet à celle-ci, que je fois de tel ou tel diocèfe, de telle ou telle paroiffe, pourvu que j'obferve exactement fes préceptes, fous la direction d'un de fes pafteurs.

La Nation a - t - elle le droit de nommer aux évêchés & aux cures ?

Pour ceux de ces bénéfices vacans par décès ou par démiffion, cela eft inconteftable, c'étoit l'ancien ufage; les fanatiques partifans de l'églife, en conviennent eux-mêmes.

Mais pour ceux dont les titulaires ne feront pas morts, & n'auront pas donné leur démiffion, elle y eft fondée également: je vais le démontrer.

Comme j'ai établi que l'églife étoit dans l'état, & qu'il répugneroit de croire que l'état fût dans l'églife, je n'oferai plus demander aux eccléfiaftiques, s'ils doivent reconnoître où non, la loi civile, je leur ferois injure; ils font perfuadés fans doute qu'il leur eft impoffible de s'en défendre, en habitant la France, fans devenir criminels d'état. S'ils ont feint jufqu'ici de l'oublier, en affectant de fe regarder comme des êtres par excellence, comme des dieux indépendans, au milieu des hommes leurs femblables, ils ne doivent plus fe faire illufion; car enfin ils font membres, ou non de la fociété (21). S'ils veulent

---

(21) Tout ce qui rompt l'unité fociale ne vaut rien; toutes les inftitutions qui mettent l'homme en contradiction avec lui-même, ne valent rien.   *Cont. Soc. L.* 4. *Ch.* 8.

s'en

s'en retrancher, pourquoi se plaignent-ils d'elle ? ils n'ont rien à en exiger. Si au contraire ils consentent d'en être & de vivre en communauté, ils ne peuvent raisonnablement vouloir que ce que veut cette société ou la volonté générale, dans laquelle la leur particulière ou de corps, est identifiée, comme j'ai déjà dit.

Si, contre toute possibilité ; si contre leurs propres intérêts même, ils étoient maîtres de réprouver ou de changer ce qu'elle prescrit, l'ordre social seroit troublé, & dégénéreroit en anarchie.

Quiconque donc refuse d'obéir, quand la loi parle, se déclare l'ennemi de tous ses compatriotes, parce que, en s'élevant contre la loi, il s'élève contre l'œuvre de tous, contre le sien même ; il déclare qu'il ne veut plus vivre en société, & qu'il ne veut plus rien d'elle. Dèslors on peut le regarder, comme un être isolé & mort au milieu de tous. (22).

Tel est le sort de tous les réfractaires à la loi. Objectera-t-on que les décrets de la Convention Nationale ne sont pas des actes de la volonté générale ? On se trompera, ils sont devenus tels par l'acceptation du peuple. (23).

____

(22) Si donc, lors du pacte social, il s'y trouve des opposans, leur impolition n'invalide pas le contrat, elle empêche seulement qu'ils n'y soient compris ; ce sont des étrangers parmi les citoyens. Quand la république est instituée, le consentement est dans la résidence ; habiter le territoire, c'est se soumettre à la souveraineté. *Cont. Soc. L. 4. ch. 2.*

(23) La loi d'hier n'oblige pas aujourd'hui ; mais le con-

Il n'eſt pas néceſſaire d'être grand politique pour preſſentir que la vaſte étendue de la France & l'immenſe population de ſes habitans mettent le peuple dans l'impoſſibilité de ſe réunir en maſſe, & de dicter lui-même ſes loix ; il eſt forcé de convenir de repréſentans chargés de les faire en ſon nom ; c'eſt à lui de les recevoir ou rejetter lors de leur proclamation (24).

Je demanderai ici aux rebelles qui font cette objection, ſi les édits ſur l'amortiſſement & ſur le don gratuit, étoient plus ſolemnels que les décrets ; tout effrontés qu'ils ſont, aſſurément, ils n'oſeront le ſoutenir, cependant ces édits étoient bien obſervés par le clergé ; d'où vient donc qu'il proteſte en partie contre les décrets.

La plupart des eccléſiaſtiques ont vivement ſenti leur légalité ; ils ſe ſont hâtés de prêter le ſerment civique exigé d'eux, & bien convaincus de la ſageſſe qui avoit dicté ces décrets & de la certitude qu'ils ne renfermoient rien de contraire à la religion, ils ont paru preſſer eux-mêmes tous leurs freres à les imiter, & ont déploré publiquement l'erreur ou l'ignorance de

---

ſentement tacite eſt préſumé du ſilence, & le peuple eſt cenſé confirmer inceſſamment les loix qu'il n'abroge pas, pouvant le faire. Tout ce qu'il déclare vouloir une fois, il le veut toujours, à moins qu'il ne le révoque.

Cont. Soc. L. 3. ch. II.

(24) Tout bien examiné, je ne vois pas qu'il ſoit déſormais poſſible au peuple de conſerver parmi nous l'exercice de ſes droits, ſi la cité n'eſt très-petite. *Cont. Soc. L. 3. ch.* II.

ceux qu'ils connoiffoient difpofés à récalcitrer.
Ils ont montré qu'ils méprifoient cet intérêt
de corps qui rapporte tout à lui feul & rien
à la fociété, & qui ne reconnoit de légitime
que les actes de fon injufte pouvoir.

Néanmoins les rébelles ont perfifté dans leur
maudit entêtement; & comme l'audace accom-
pagne toujours l'injuftice, ils ont ofé faire ouver-
tement des démarches près des prêtres citoyens
pour les faire rétracter; mais la juftice & la vertu
font au-deffus de la corruption: ces vertus eccléfiaftiques avoient fait le premier pas vers elles;
ils s'étoient déclarés les amis de l'ordre & du
bien public, ils ont perfévéré dans leur géné-
reufe réfolution en dépit de l'envie 25).

Je m'applique depuis long-temps à les étudier
les uns & les autres; & le dirai-je, à la honte de
tous les eccléfiaftiques réfractaires qui m'envi-
ronnent à deux lieues! Aucun d'eux n'auroit
refufé le ferment, s'il n'eût écouté que fa confcience; mais fots admirateurs de la vieille pra-
tique d'un ancien curé, ils ont couru en foule
le confulter, comme leur Salomon, ou comme
leur rabbi, c'eft égal; & les triftes lamentations
de ce moderne & fanatique Jérémie ont tout

---

(25) Courage, miniftres citoyens; foyez fermes: étonnez
vos indignes collègues de votre louable perfévérance, comme
ils étonnent eux-mêmes tout le monde de leur indigne opi-
niâtreté. S'il m'échappe quelques dûretés contre le clergé,
n'en foyez point affectés, elles ne vous regardent plus,
puifqu'en adhérant aux décrets, vous avez renoncé de fait &
de droit, à fes anciennes foibleffes & à tous fes ridicules.

perverti : j'en connois dans ce nombre, qui,
après avoir prêté serment de fidélité à la conftitution dans les affemblées de novembre dernier, c'eft-à-dire, long-temps après la proclamation des décrets qui les regardent, ont eu
le front de fe rétracter, quand l'ordre eft venu
de le confirmer. Les parjures ! Quelle infamie !
Peut-on fe jouer plus manifeftement de dieu
& des hommes ?

Reprenons la difcuffion : Je voudrois favoir des
eccléfiaftiques qui ont l'audace de mettre en pro-
blême la fouveraineté de la loi (26), fi un évêque
ou un curé atteint d'un crime, & qui auroit été
banni à perpétuité, pourroit être légalement
remplacé après l'exécution de la fentence criminelle qui l'auroit condamné ? j'ai lieu de croire
qu'ils n'en doutent pas. Cependant, pourquoi
donc la loi aujourd'hui plus fage, plus célèbre,
plus authentique, plus univerfelle, n'auroit-elle
pas le droit de deftituer & de demander le rem-
placement d'un bénéficier qui lui refufe l'obéiffance, qui abandonne ou confent d'abandonner
fon troupeau, & qui enfin fe rend coupable
d'un crime capital, du plus grand de tous, de
celui de lèze-nation (27) ?

---

(26) Tant que les particuliers auront le pouvoir de ré-
fifter à la force exécutive, ils croiront en avoir le droit ;
&. tant qu'ils auront entr'eux de petites guerres, comment
veut-on que la république foit en paix ?... Il n'y a qu'un
patriotifme éclairé par l'expérience, qui puiffe apprendre à
facrifier à de plus grands biens un droit brillant, devenu
pernicieux par fon abus.

(27) Afin que le pacte focial ne foit pas un vain formu-

Si, au lieu de déclarer qu'à défaut de presta-
tion de serment, un évêque, un curé seroit déjeté
de son bénéfice & remplacé comme en cas de va-
cance ou de démission, cette loi avoit décrété,
comme elle étoit en pouvoir de le faire, un
bannissement perpétuel, ou la peine de mort
contre lui, certainement l'élection du successeur
n'auroit point été arguée d'illégalité.

Quoi donc ! à cause que respectant la dignité
d'homme & se relâchant de sa rigueur, la loi
craint de proscrire un citoyen, elle demeurera
sans force & sans vertu. Quelle erreur ! peut-on
s'abuser ainsi ? comment, les prélats séditieux
ne voient pas qu'elle dédaigne de les contraindre
& qu'elle se contente de leur faire grace, &
de jeter un regard de commisération sur leur
pauvre & triste résistance.

Qu'elle est sage, qu'elle est juste, cette loi !
elle fait mépriser, comme dit M. de Castillon,

---

laire, il renferme tacitement cet engagement, qui seul peut
donner de la force aux autres ; que quiconque refusera d'obéir
à la volonté générale, y sera contraint par tout le corps.
Cont. Soc. L. 1. ch. 7.

Il y a une profession de foi purement civile, dont
appartient au peuple de fixer les articles.... Sans pouvo
obliger personne à les croire, il peut bannir de la républiq
quiconque ne les croit pas ; il peut le bannir, non com
impie, mais comme insociable, comme incapable d'aim
sincèrement les loix, la justice, & d'immoler au besoin
vie à son devoir : que si quelqu'un, après avoir recon
publiquement ces mêmes dogmes, se conduit comme ne
croyant pas, qu'il soit puni de mort ; il a commis le p
grand des crimes, il a menti devant les loix.
Cont. Soc. L. 4, ch. 8.

ce fantôme pointilleux qui s'allarme pour un dogme, qui persécute pour un mot mal intérprêté ; mais elle respecte la religion sainte, cette fille des cieux qui ne respire que le bonheur des hommes & l'avantage de la société, & qui ne reconnoît pour ses ministres, que ceux qui les éclairent par leur doctrine, qui les corrigent par leur exemple, qui mettent leur honneur dans la vertu, leur richesse dans la modération, leur ambition dans l'humilité.

Certes, quelqu'indulgent que soit l'amour-propre de nos prêtres réfractaires, il ne leur dira jamais qu'ils se reconnoissent à ce portrait, eux qui, non contens de nous envier les premières jouissances de la constitution, ne se font pas même un scrupule de prêcher indirectement le feu & le sang. Dignes successeurs du Dominicain Clément, ce n'est pas de leur faute, si leur exécrable morale n'a pas produit l'effet qu'ils en attendoient. Mais hélas ! que dis-je ? ô Vannes, ô Uzèz, ô Nismes ! vos murs ont retenti jusqu'à nous des cris du fanatisme.

Vous serez sans doute surpris d'apprendre, ô mes descendans, que sous l'empire de la raison & de la philosophie, le fanatisme, ce monstre, ce fléau des humains, ait osé lever sa tête altière, & appeler des massacres ; cependant rien n'est plus vrai : j'ai vu moi-même, oui, j'ai vu, (chose horrible !) un ex-curé parjure, se tourmenter en chaire pour persuader à ses paroissiens qu'on cherthoit à anéantir la religion , qu'on déplaçoit des prêtres légitimes pour substituer en leur place des intrus sans pouvoir & sans mission ; que désormais les sacremens seroient administrés sans effet, & qu'au contraire le sacrilège seroit le partage des chrétiens qui seroient assez hardis pour les recevoir des mains des nouveaux pasteurs (28). O crime ! ô honte de nos jours ! Une pareille doctrine peut-elle s'annoncer sans horreur ? Elle n'est pas digne même des esclaves que flétrit & déshonore la fatale inquisition. N'en doutons pas ; c'est de lui , c'est de ce barbare & de ses pareils, que parle le Sauveur dans son Saint Evangile, quand il reproche aux prêtres Juifs d'être un obstacle au salut des hommes : « malheur à vous, disoit-il, Pharisiens hypocrites, vous fermez les voies du ciel devant les hommes ; non seulement vous n'y entrerez jamais, mais encore vous les empêcherez d'y entrer eux-mêmes » (29).

Je demande pardon, ô mes neveux , si je n'ai pas livré ce coupable à la juste rigueur des loix ; je sais que l'ordre & le repos de la société exigeoient que je fisse connoître un tel homme ; mais je n'ai vu dans lui que mon frère, j'ai craint d'être la cause de sa perte & de son déshonneur, je l'ai

─────────────────────────────

(28) Cet Héraclite devoit encore ajouter, que les paroissiens qui porteroient les premiers la main sur leur nouveau curé gagneroient les indulgences : la folie auroit été complette.

(29) *Væ autem vobis Scribæ & Pharisæi hypocritæ, quia claudistis regnum cælorum ante homines ; vos enim non intratis, nec introeuntes sinitis intrare.* Matth. ch. 23.

plaint ; je favois d'ailleurs que fon zèle fimulé &
fa feinte inquiétude étoient les expreffions de fa
rage & de fon répentir.

Peut - on douter que les évêques nouvellement élus &
confacrés , & que les curés auffi nouvellement élus
& approuvés , n'aient les pouvoirs néceffaires
pour adminiftrer aux lieu & place des profcrits ?

Cette queftion eft délicate pour un laïc qui
ne fe piqua jamais de théologie, & qui croit,
en s'abandonnant aux lumières de fa raifon,
n'en avoir jamais befoin ; cependant elle a
ceffé d'être une queftion, dès qu'on a prouvé la
légalité des nouvelles élections, en démontrant
que la loi avoit le pouvoir de deftituer & de
faire remplacer : en effet , cette loi fouveraine
feroit bornée dans fa toute puiffance , fi elle ne
pouvoit faire ce que peut faire un feul bénéficier ; comment , cet homme , par l'effet de fon
unique vœu , aura le droit de réfigner & de faire
paffer fon bénéfice fur la tête d'un autre , & la loi
qui eft la volonté réunie de tous , ne pourra le
faire , quoique celui qui en fera pourvu lui refu-
fera l'obéiffance ! Quiconque ofe foutenir une
femblable propofition , fubordonne la volonté
générale à la volonté particulière : il fuppofe
qu'un individu eft plus fort , eft plus puiffant
que la loi : il faut être en délire pour s'y déter-
miner ; c'eft de toutes les abfurdités la plus
expreffe ; mais cela n'étonne pas de la part des
prêtres rébelles. On fait qu'aux fanatiques ,

comme aux fous , rien ne répugne : venons au fait.

Personne ne peut nier que la concession des pouvoirs spirituels ne soit irrévocable : la loi ne peut les atteindre , encore moins les révoquer ; elle peut seulement en suspendre l'exercice dans un homme , qui , professant une autre religion civile que celle qu'elle prescrit , se serviroit de ces pouvoirs , comme l'ex - curé dont j'ai parlé , pour abuser ses administrés & troubler leur conscience ; mais cet homme ne les conserveroit pas moins jusqu'à la mort.

On ne peut douter de l'évidence de ce principe ; cependant on a l'audace d'avancer qu'une paroisse ne sauroit être administrée que par son ancien pasteur , & que tout autre , quoiqu'il auroit vieilli dans les ordres sacrés , perdroit tout-à-coup ses pouvoirs , lorsqu'il s'agiroit de les exercer dans la place que le premier n'auroit pas volontairement abdiquée , comme si en passant d'un lieu à un autre , on pouvoit cesser d'être prêtre. Quoi donc ! cet ecclésiastique avoit hier le droit d'administrer , par exemple , à Montaigut , & comme si les pouvoirs divins l'avoient abandonné en chemin , il ne l'auroit plus aujourd'hui à Lons-le-Saunier , quoiqu'il fût nommé & approuvé pour administrer dans cette ville ? Le fanatique peut se repaître de semblables maximes ; mais l'homme sensé , jamais.

J'entends toujours dire qu'un curé a le droit exclusif d'absoudre ses paroissiens : pourquoi donc les cordeliers, les capucins, les carmes &c. partagent-ils ce privilège avec lui ? Pourquoi est-on libre d'aller se confesser où l'on veut, & même d'y communier dans tous les tems, sauf dans celui de pâques.

Mais, dit-on, les prêtres assermentés seront excommuniés. Fable ourdie par la calomnie ; cela ne peut être, ils ne sont pas coupables ; tout leur crime est de ne rien reconnoître de contraire à la foi dans la constitution civile du clergé ; tout leur crime est d'interprêter les décrets dans un sens catholique & orthodoxe, (ils ne peuvent l'être autrement) ; tout leur crime est d'abjurer les erreurs du ci - devant clergé ; tout leur crime enfin se réduit à celui d'être assez grands pour aimer la vérité, plutôt que de la trahir, & d'avoir obéi à l'ordre du peuple, à la voix de leur conscience, à la voix de Dieu : *Vox populi, vox Dei.* Ceux - là seuls méritent l'excommunication, (voyez le Chap. qui suit) qui se séparent de la communion des fidèles. Mais qui de ces prêtres citoyens en a l'intention ? Aucun (30).

On auroit raison de les croire excommuniés, s'ils essayoient de nous enseigner une autre doctrine que celle qu'enseigne la religion catholique, apostolique & romaine ; mais ils

____

(30) Il y a d'autre cas, je le sais ; mais ils ne sont pas de mon sujet.

viennent nous prêcher la même morale & les mêmes préceptes que leurs dévanciers ; ils ne différeront d'eux qu'en ce qu'ils n'appeleront point la discorde & le carnage , & n'ordonneront pas le parjure , en commandant la désobéissance à la loi.

Si jamais ils s'avisoient d'annoncer d'autres dogmes que ceux qui sont avoués de l'église , leur supplice ne seroit pas loin ; ils s'en garderont bien , & moi aussi.

Quand on supposeroit pour un moment , (ce qui ne sera jamais) que ces nouveaux curés seront excommuniés , pour être citoyens dociles & patriotes , qu'en résulteroit - il pour nous ? Rien : ce seroit , si l'on veut , une fatalité ou une peine , qui ne réjailliroit que sur les administrans , & qui ne pourroit refluer en aucun tems sur les administrés ; car les crimes ne respectent jamais que ceux qui les ont commis. Or , dans cette hypothèse même , nous serions innoçens , quoique nos nouveaux pasteurs seroient coupables ; & les sacremens ne seroient point administrés par eux sans effet , comme le prétendent faussement les ex-curés : ils seroient toujours sacremens , aussi purs & & aussi saintement administrés , que lorsque ces derniers les dispensoient ; parce que , pour les recevoir dignement , il ne nous est pas nécessaire , & il n'est pas en notre pouvoir d'approfondir si l'administrant est saint ou criminel ;

dès qu'il est prêtre, & que notre foi le connoît pour tel. Je crois, d'après l'églife, que la feule chofe effentielle eft de nous préparer nous-mêmes par les difpofitions requifes. Ainfi, dans tous les cas, nous n'avons rien à redouter ; non, rien.

Cette fuppofition que j'ai faite à deffein pour convaincre les ames foibles, eft une offenfe, pour ainfi dire, envers les eccléfiaftiques citoyens ; cependant il étoit utile de l'admettre pour confondre la calomnie ; je fais que j'aurois pu, à la rigueur, me difpenfer de le faire, & que j'aurois pu me contenter de dire, pour rendre vaines les clameurs des réfractraires :

Lefquels ont tort ou raifon, & devons-nous croire des prêtres rebelles ou des prêtres foumis ? Examinons les motifs qui les guident refpectivement : ils fe traitent les uns d'intrus, les autres de fanatiques : les uns prêchent l'infidélité à la loi, les autres l'obéiffance. Voyons d'abord de quel côté eft la majorité : les enragés, en moindre nombre, font plus audacieux & plus obftinés : les patriotes, en plus grand nombre, font moins violens & plus circonfpects. Les premiers font conduits par la paffion ; les derniers, vaincus par la vérité. Ceux-là font pour la plupart, des pédans orgueilleux ou des ignorans prévenus, & tous des fous qui, fe regardant infaillibles, s'avifent de trancher la queftion à leur fantaifie & felon leurs intérêts : ceux-ci, des théologiens profonds, mais modérés, qui, prononçant sans partialité, & craignant de condamner personne, émettent leur senti- ment comme un avis, plutôt que comme une décision. Voilà comment j'aurois fait voir que tout concourt à nous persuader que la raison & l'équité se trouvent du côté de la sagesse & de la science, du côté des prêtres citoyens, du côté du grand nombre.

Concluons donc hardiment qu'un curé, qui a refusé le serment d'obéissance, a démérité devant la loi, & fait divorce civil avec ses paroif- siens : que celui, au contraire, qui s'est soumis, & qu'on a élu en sa place, l'est très-légalement ; qu'étant approuvé de l'évêque, il remplace à tous égards son prédécesseur réfractaire. Disons encore que rien n'est plus faux, plus mensonger, & plus injuste que les menaces des rebelles, & qu'enfin rien ne seroit plus sot, plus insensé & plus mal fondé que la crainte qu'on pourroit se faire du sacrilège. J'espère qu'après la lecture de ce paragraphe, les mutins n'auront plus pour partisans des fabuleuses maximes qu'ils débitent & qu'ils ne croient pas eux-mêmes, que les vieilles femmes ; car je ne pense pas qu'un homme de bon sens puisse abbaisser sa raison jusqu'à ce point.

Y a-t-il quelque apparence de justice à nous accuser
d'hérétiques - schismatiques ?

C'est ici le comique & le tragi-comique ; les uns sont pour, les autres contre ; comment démêler la vérité dans ce conflict d'opinions : elle eſt une, mais de certains la trahiſſent avec étude & par méchanceté, & les autres la diſſimulent par crainte ou par reſpect humain : moi qui ne cherche à plaire à perſonne & qui ne crains de déplaire qu'à Dieu & à ma Patrie, je me ſens capable d'oſer la dire toute entière. Attention.

Qu'eſt-ce qu'être hérétiques -ſchiſmatiques ? C'eſt, ſelon Cajëtan, ſortir du ſein de l'égliſe & ſe refuſer de regarder le pape, comme le centre de la foi : car la déſobéiſſance, (dit ce cardinal) quelque opiniâtre qu'elle ſoit, ne rend point hérétique-ſchiſmatique. Or, que les ennemis du bien & du repos public parcourent notre conſtitution & l'étudient ſoigneuſement d'un bout à l'autre, je défie à ces pénétrans ſcrutateurs, de nous citer, dans nos loix, un ſeul article qui nous ordonne de nous ſéparer de la communion des fidèles ou de ne pas reconnoître le pape, comme le chef viſible de l'égliſe, en matière de foi. J'en appele aux témoignages de tous les hommes éclairés, mais impartiaux ; j'en appele à ſa ſainteté & au ciel même.

Je conviens que la déclaration ſur les droits de l'homme a dû donner de l'inquiétude à l'égliſe univerſellement intolérante & perſécutante ; mais aucune à l'égliſe bienfaiſante & perſuaſive, à l'égliſe de Jeſus-Chriſt : en effet, n'étoit-ce pas à la honte du catholiciſme, qu'on voyoit l'égliſe prendre depuis tant de ſiècles, pour principe &

pour maxime fondamentale, de pourfuivre indif-
féremment fes enfans & ceux de toutes les fe&es;
elle ne doit point avoir d'ennemis; elle n'a été
créée par fon auteur, que pour inftruire, per-
fuader, édifier, & non pour tourmenter les hommes. Cependant, combien de temps ne l'a-t-elle
pas fait? je m'étonne avec raifon, qu'on ait tant
parlé des martyrs du paganifme, & jamais de
ceux de l'églife. Je fuis bien éloigné de la commune opinion; je tiens que dans deux feules
circonftances mémorables, le maffacre de la St.
Barthélemi & la confirmation de l'édit de Nantes,
l'églife a fait peut-être plus de martyrs que les
perfécutions des infidèles n'ont pu lui en faire
pendant toute leur durée.

Dieu! qu'il y avoit loin de la conduite que
tenoit l'églife depuis tant de temps, à celle qu'elle
auroit dû fe propofer! Ce n'eft pas d'aujourd'hui
qu'elle fait crier & gémir, ce n'eft pas d'aujour-
d'hui qu'on s'en plaint:« je me ferai catholique,
répondoit déjà le vertueux Sully au cardinal
du Perron qui l'en prioit, quand vous aurez
fupprimé l'évangile : car il eft fi contraire à l'églife
romaine, que je ne peux pas croire que l'un &
l'autre aient été infpirés par le même efprit „.

Lorfque les chefs de cette églife entendoient
toute la terre lui reprocher fes ridicules & fon
déshonneur, n'auroient-ils pas dû travailler de
concert à fa réforme? Ils auroient prévenu du
moins la loi civile, ils auroient prévenu l'affront

qu'ils reçoivent aujourd'hui ; mais ç'eût été pour
eux un trop grand sacrifice, de renoncer à la gloire
de tout opprimer : il falloit, au contraire pousser
son despotisme jusqu'au dernier période, ils l'ont
fait : il falloit proscrire & expatrier, par la bouche
de Louis-le-Grand, la moitié de ses fidèles sujets
contraints d'errer longtemps sans asyle, à travers
les montagnes, les rochers, les déserts sur les rives
de la France qu'ils ne pouvoient quitter ; mais enfin, grace à Dieu, ils ont comblé la mesure, ils
ont lassé le ciel de tant d'excès qu'ils commet-
toient en son nom, & ont préparé eux-mêmes leur
honteuse chûte, le triomphe de la véritable église
du Sauveur, & celui de tous ses vrais enfans ; car la
calomnie aura beau dire que les dogmes essentiels
& constitutifs de cette église sont attaqués par les
décrets qui la concernent. La raison & la vérité
démentiront toujours cette imposture. En effet,
l'expérience montre déjà que depuis sa réforme,
elle s'élève plus belle & plus glorieuse dans sa
noble simplicité près des débris épars de son
ancienne mais futile grandeur.

J'avoue que si, pour avoir une foi, telle que
l'église l'exigeoit, il étoit nécessaire que son clergé fût riche, orgueilleux, indépendant, & que les
hommes se fissent sans cesse une guerre d'opinion
& de culte religieux ; j'avoue que notre constitution nous rend hérétiques-schismatiques ; mais si,
au contraire, la foi du vrai chrétien ne doit respirer
que la paix, la charité & l'amour du prochain, on ne
                              disconviendra

disconviendra pas que l'église n'ait elle-même été longtemps hérétique-schifmatique & que notre constitution n'ait eu beau jeu pour l'excommunier.

Difons que fi cette conftitution eût confervé au pape les annates & tout fon temporel François, il n'y auroit point d'héréfie. Difons que fi la loi eût organifé le clergé, & exigé de fes membres, le ferment civique, avant de décréter la retraite de fes poffeffions, tous auroient juré l'obéiffance, & il n'y auroit eu de fchifme, que lorfqu'elle auroit voulu les dépouiller de fes biens : car remontons à la véritable caufe, le reproche du prétendu fchifme-hérétique ne dérive que du regret de l'église, de voir tomber de fes mains le fceptre de fa domination civile & temporelle.

Néanmoins on nous menace, on nous affure même que nous fommes fous le poids d'une excommunication générale; en bonne foi, cela eft-il vrai? Je ne peux guères le croire; ce n'eft pas que je craigne pour moi cette excommunication; je craindrai bien plus celle de la loi civile; l'une eft bien plus jufte, plus légitime fur terre que l'autre. Je fuis comme le grand prêtre Joad : je crains Dieu.... & n'ai pas d'autre crainte. J'accorde cependant qu'il eft trifte d'être excommunié pour une caufe jufte, mais pour une caufe injufte, non.

Quoiqu'il en foit, d'ailleurs, je ferois bien fâché, s'il m'eft permis de dire tout-à-fait mon fentiment, je ferois bien fâché que le vatican préconifât notre conftitution, notre état actuel

D

feroit fans doute pire qu'il n'étoit avant la révolution ; j'aime beaucoup mieux qu'il la réprouve :
notre félicité eft plus certaine.

En vérité, le Saint-Père a raifon de nous damner en ce monde pour l'être lui-même dans l'autre;
qu'il anathématife nos loix, parce qu'il gémit de
ne les avoir pas dictées, il fait bien. Il va du moins
fe montrer, comme fes dévanciers, l'apôtre de l'injuftice, & fe mettre dans le cas de n'en plus im-
pofer, par fon pouvoir, aux hommes de bonne
foi. Qu'il fe tranfporte à Paris, comme il fe tranf-
porta à Vienne : on l'y attend pour lui donner la
fatisfaction de voir brûler fon portrait & fa bulle.

Il n'eft plus, ce temps où l'orgueil & l'ambition
faifoient fervir les foudres de Rome à l'accom-
pliffement de leurs deffeins; il n'eft plus le temps;
où les rois effrayés portoient avec refpect la
chaine des pontifes : c'eft en vain qu'on voudroit
le faire revivre (31).

---

(31) Au fond du Vatican régnoit la politique,
Fille de l'intérêt et de l'ambition,
Dont nâquirent la fraude et la féduction.
Ce monstre ingénieux en détours si fertile,
Accablé de soucis, paroît fimple et tranquille ;
Ses yeux creux et perçans, ennemis du repos,
Jamais du doux sommeil n'ont senti les pavots :
Par ses déguisemens à toute heure elle abuse
Les regards éblouis de l'Europe confuse.
Toujours l'autorité lui prête un prompt secours,
Le mensonge subtil règne en tous ses discours;
Et pour mieux déguiser son artifice extrême,
Elle emprunte la voix de la vérité même.
A peine la discorde avoit frappé ses yeux,
Elle court dans ses bras d'un air mystérieux ;
Avec un ris malin la flatte, la caresse,
Puis prenant tout-à-coup un ton plein de tristesse,
Je ne suis plus, dit-elle, en ces temps bienheureux,
Où les peuples séduits me préfentoient leurs vœux,

Applaudiffons-nous, ô mes neveux, que le pape n'ait pas autant de forces, que de bonne volonté, la France feroit bientôt couverte de fes foldats, & certainement nous aurions bien plus à le redouter, que tous nos ariftocrates, que toutes les puiffances réunies de l'Europe, & de la terre entière.

Ah! Sa Sainteté s'eft donc laiffé fouffler, par l'intrigue & par fon intérêt perfonnel, un arrêt de récrimination contre la Convention Nationale, & de réprobation contre nous : eh bien ! tant mieux : nous nous en confolons aifément, ou pour mieux dire, nous en rions comme des prophéties de Noftradamus.

Comment ! parce qu'Avignon & Carpentras veulent fe donner à la France & rejetter fes loix pour adopter les nôtres, le Saint-Père met la France en interdit ! je l'en félicite : n'ufe-t-il pas de beaux moyens pour les recouvrer ! pour

---

Où la crédule Europe à mon pouvoir foumife,
Confondoit, dans mes loix, les loix de fon églife.
Je parlois, et foudain les rois humiliés,
Du trône, en frémiffant, defcendoient à mes pieds.
Sur la terre à mon gré ma voix fouffloit les guerres,
Du haut du Vatican je lançois les tonnerres,
Je tenois dans mes mains la vie et le trépas,
Je donnois, j'enlevois, je rendois les états.
Cet heureux temps n'eft plus: le fénat de la France
Eteint prefqu'en mes mains les foudres que je lance.
Plein d'amour pour l'églife, et pour moi plein d'horreur,
Il ôte aux nations le bandeau de l'erreur;
C'eft lui qui le premier, démafquant mon vifage,
Vengea la vérité dont j'empruntois l'image.
Que ne puis-je, ô difcorde, ardente à te fervir,
Le féduire lui-même, ou du moins le punir.
Allons, que tes flambeaux rallument mon tonnerre;
Commençons par la France à ravager la terre, etc.

Voltaire, Henri. L. 4.

moi, qui crois apprécier le mérite d'une telle conduite, je ne vois-là qu'un plus sûr expédient pour les perdre, & qu'un témoignage authenti-que, de la part de ses sujets, que notre consti-tution est juste, & lui injuste.

Apparemment que le bonheur social, dont il n'est pas l'auteur, est pour lui un soleil trop ardent qu'il ne peut fixer & qui blesse ses regards: il feroit beaucoup mieux de profiter de l'exemple, & de le faire goûter dans ses états, ce bonheur, plutôt que de jouer du hochet, comme un enfant: au surplus, puisqu'il est possédé de la fureur d'excommunier, qu'il frappe d'anathème ces hypocrites déjà proscrits de la loi civile, qui voudroient voir la France inon-dée du sang des fidèles, & qui, sous le masque & le langage de la vertu, osent le demander: nul ne le mérite plus qu'eux; car s'il existe un schif-me, ce sont eux qui l'établissent, en se mettant en opposition avec la plus saine, la plus raisonnable portion de l'église gallicane.

Voyez ma singularité. Depuis son origine, je ne regardois la Convention Nationale que comme une compagnie d'hommes justes; mais depuis que le pape l'a maudite, je la crois divine: elle a pris sa place d'autant mieux qu'elle tient le sceptre de la sagesse, & lui, celui de la vengeance. Néanmoins on doit le lui pardonner; il est homme, il a le cœur gros de tant de choses, sur-tout de ses annates & de ses

principautés. Laiffons, laiffons ce chef vifible
vomir en paix fon fiel invifible (33), nous
avons le contrepoifon : cette fraternité qu'il
n'a pu nous voir jurer fans pâlir, & qui lui
donnera chaque année des convulfions, doit
nous fervir d'égide contre les coups qu'il peut
nous porter. Il s'abufe ; il croit nous divifer
par fa bulle, mais nous avons pris la promeffe
d'être unis ; & certes nous ne l'enfreindrons pas :
il croit, par quelques mots latins, enfanglanter
& mettre en combuftion notre patrie ; mais
bon ! il ne fera que refferrer les nœuds qui
lient fes enfans ; car enfin n'avons - nous pas
fait notre paix, non feulement enfemble, mais
encore avec tous les hommes ?

Garde à vous, mes neveux, ne négligez pas
cet avis ; un jour viendra fans doute où vous en

---

(33) Il faut bien remarquer que ce ne font pas tant des
affemblées formelles, comme celles de France, qui lient le
clergé en un corps, que la communion des églifes. La communion & l'excommunication font le pacte focial du clergé,
pacte avec lequel il fera toujours le maître des peuples & des
rois. Cette invention eft un chef-d'œuvre en politique.
J. J. Rouffeau.

Depuis que nous avons oppofé le pacte général de fraternité
au pacte du clergé, j'ai cru voir la décadence de ce dernier ;
car il faut que l'un des deux l'emporte, & affurément la force
& l'énergie du nôtre, encore nouveau, doit néceffairement
produire finon la deftruction, du moins l'affoibliffement de
celui du clergé : c'eft ce que fentent fort bien les eccléfiaftiques
rébelles ; ils convoquent des conférences, ils veulent un fynode,
ils crient à l'impiété, ils fe coalifent ; mais vous croyez que
tant de foins foient les effets d'une véritable inquiétude pour la
religion, tandis qu'ils ne font que les craintes de perdre leur
empire.

aurez befoin: vous verrez la difcorde embou-
cher la trompette facrée pour vous enhardir au
fratricide ; mais foudain armez-vous de l'évangile d'une main , & de l'autre, de votre conftitution ; étudiez-les tour-à-tour ; vous y verrez
qu'ils s'accordent à vous prefcrire d'aimer vos
concitoyens , & non de les affaffiner ; vous y
retrouverez votre ferment écrit , & vous preffen-
tirez d'avance le crime qu'il y auroit à le violer.
Défiez-vous fur-tout de toute efpèce d'ordres
qu'on voudroit vous donner, tant qu'ils ne vien-
dront pas des organes de vos loix : ces ordres
même vinffent-ils de Rome, faites comme nous,
fi vous ne les reconnoiffez pas conformes aux
principes de la charité chrétienne & de la pure
équité ; méprifez-les. Une crédulité fans borne
eft toujours le ftérile hommage de l'homme
ftupide ; que la vôtre ne foit pas aveugle : &
quelqu'empreffés que vous foyez de votre falut ,
ne confondez pas une jufte avec une injufte
excommunication. Soyez certains que l'injufte
ne doit faire trembler que celui qui la lance , &
n'oubliez jamais qu'une bonne confcience peut
& doit la braver. Les malheureufes , & peut-être
innocentes victimes de la Bulle *Unigenitus* , nous
en ont tranfmis le précieux exemple & nous le
fuivrons, fi toutefois nous y fommes réduits.

Après avoir retracé les erreurs de l'ancien
régime & les avantages du nouveau , j'ai cherché
à vous démontrer, ô mes neveux, que les loix

fur lefquelles les eccléfiaftiques rébelles fe ré-
crient, étoient émanées des mêmes régles d'équité
& de fageffe, qui ont dicté le décret fur les droits,
de l'homme, dont elles font une fuite néceffaire,
& que les mutins qui refufent l'obéiffance, font
des traîtres à la patrie, autrement des excommuniés de la fociété : c'eft à vous de décider fi
j'ai rempli mon but ; j'ai cru voir que les motifs
qui, jufqu'à ce moment, les ont dirigés, pre-
noient leur fource dans un fond inépuifable
d'orgueil ou d'intérêt, de méchanceté ou
d'injuftice, de prévention ou d'ignorance ; je
vous l'ai fait remarquer.

J'étois bien aife de vous faire préjuger les
dangers qu'il y a de fe prévenir aveuglément pour
fes miniftres ; car il eft rare, quand ces hommes
adroits, follement idolâtres du peuple, n'abufent
pas de la confiance qu'on leur donne pour envahir fa liberté. Combien d'entr'eux ne récèlent
pas, fous les dehors impofteurs de l'hypocrifie,
les intentions les moins convenables à leur caractère ! Si leur orgueil s'abaiffe ou fe déguife quel-
quefois fous le voile de l'humilité, c'eft pour
arriver plus fûrement au but qu'il fe propofe ;
c'eft un artifice dont ils fe fervent pour fub-
juguer les autres. Ainfi, dans les circonftances
actuelles, je vois leur ambition & leur malice,
mettre en œuvre toutes fortes de vertus &
de vices, & facrifier même de petits intérêts
pour aller à de plus grands.

Puis-je songer sans frémir, qu'ils furent dans tous les temps, les premiers tyrans des humains, & les premiers artisans de leurs malheurs.

Gardez-vous de ramper jamais sous eux, ils vous asserviroient de nouveau (36); cependant portez-leur sans cesse de la considération, des respects ; mais que cette considération, que ces respects ne soient jamais les effets d'une crainte servile, & ne tiennent jamais ni de la bassesse ni de la lâcheté. Soyez chrétiens, j'y consens ; je vous le recommande même, mais conservez toujours votre énergie : soyez hommes, soyez citoyens, soyez libres ; en un mot, regardez le prêtre à l'autel & dans ses fonctions, comme un homme revêtu de pouvoirs extraordinaires : sorti delà, regardez-le comme votre égal, il doit l'être : alors la loi le confond avec vous.

Mais à quoi bon cette leçon ; elle vous sera inutile : vous n'aurez pas à craindre comme nous, je vous le répète, un clergé rébelle, imbu de tous ses anciens préjugés. L'expérience démontre déjà, dans nos prêtres soumis & dociles, que vous n'aurez que des ministres vertueux & révérés, des ecclésiastiques citoyens, dont la conduite sera modelée sur la morale qu'ils devront vous enseigner.

Malheur à qui, dans ces temps heureux,

____

(36) Peuples libres ! souvenez-vous de cette maxime. On peut acquérir la liberté, mais on ne la recouvre jamais.
Cont. Soc. L. 2. ch. 8.

pourra s'oublier au point de profaner par des mé-
pris, la constitution, ou le nom de son gardien! vous le ferez bien repentir de sa témérité.

Je termine ma lettre, ô mes neveux, en vous rappelant l'engagement éternel que j'ai pris pour vous & pour moi, d'être fidèles à la loi, & d'être unis comme frères avec tous les François, d'une amitié inviolable. Chaque année, vous ratifierez cette belle promesse, en y comprenant tous les hommes avec tous vos compatriotes. Périsse au berceau celui de vous qui seroit capable de l'enfreindre!

F I N.